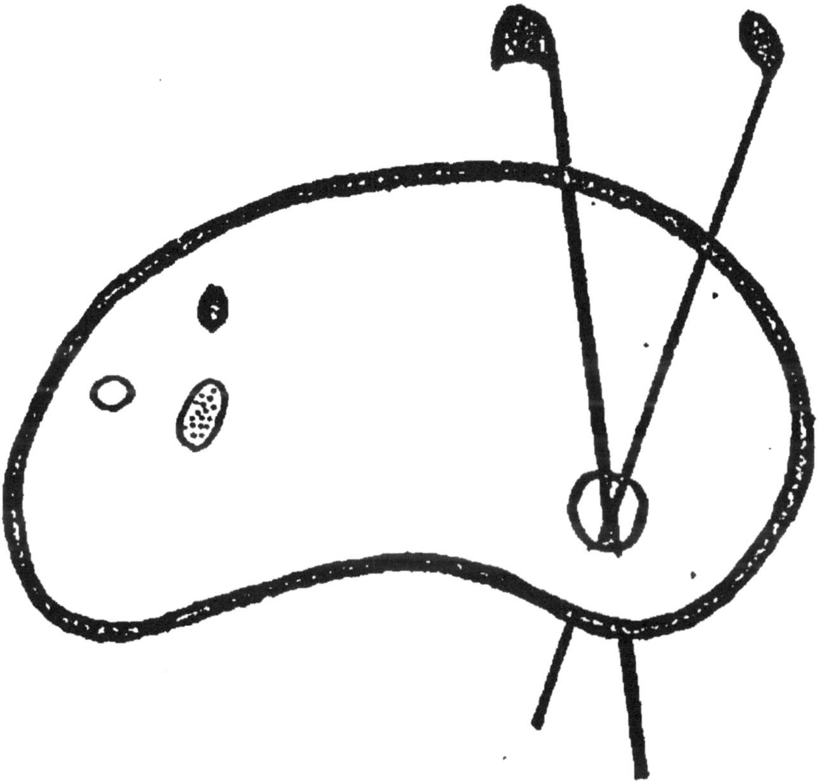

PARIS VIVRA

PAR

M. MALAPERT

AVOCAT A LA COUR DE PARIS

Prix : 75 centimes

PARIS

CHARLES SCHILLER, ÉDITEUR

11, rue du Faubourg-Montmartre

LIBRAIRIE INTERNATIONALE A. LACROIX, VERBOECKHOVEN ET Cᵉ

13, rue du Faubourg-Montmartre, et 15, boulevard des Italiens,

1871

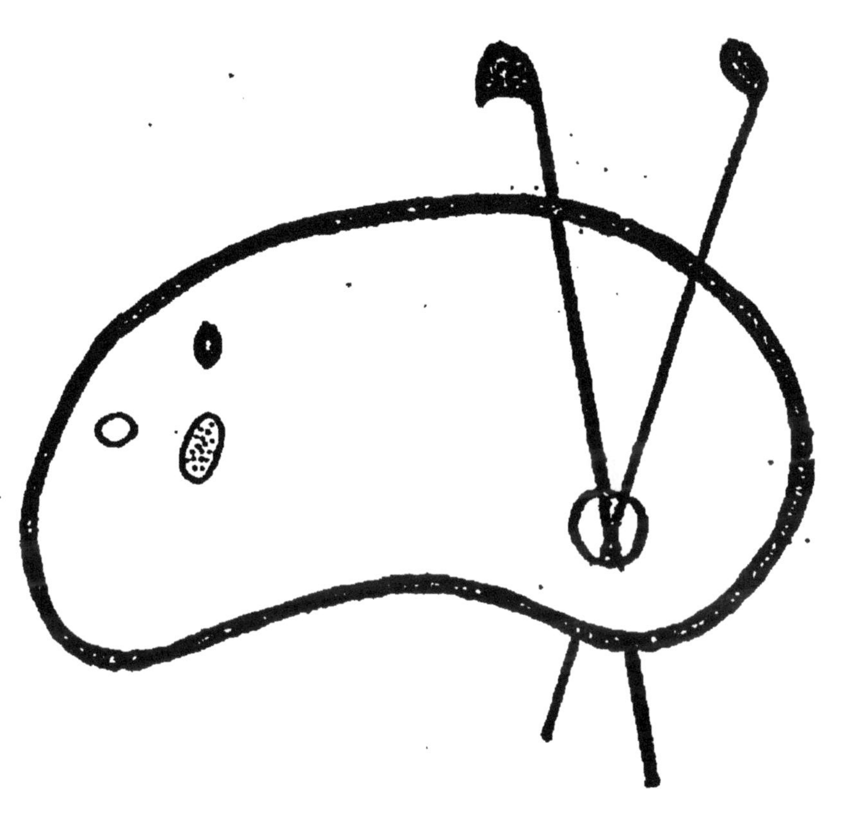

FIN D'UNE SERIE DE DOCUMENTS
EN COULEUR

PARIS VIVRA

PARIS VIVRA

PAR

M. MALAPERT

AVOCAT A LA COUR DE PARIS

PARIS

CHARLES SCHILLER, ÉDITEUR

11, rue du Faubourg-Montmartre

LIBRAIRIE INTERNATIONALE A. LACROIX, VERBOECKOVEN ET C[o]

13, rue du Faubourg-Montmartre, et 15, boulevard des Italiens,

1871

PARIS VIVRA

Les Allemands, dans le triomphe de leur orgueil, ont écrit : Paris n'est plus. Je prends la plume et j'écris avec confiance : Paris vit et vivra.

L'épouvantable drame terminé le 28 mai par la victoire de l'armée de la France sur des insurgés arrivés au plus haut degré de la folie furieuse, a eu son retentissement d'un bout à l'autre du monde civilisé. L'univers tout entier souffre des maux de notre Paris. Cette fois les douleurs ont été profondes. Des meurtres multipliés, des incendies sauvages, une destruction systématique des êtres vivants et des chefs-d'œuvre de nos mains et de notre intelligence ont marqué la dernière phase de notre vie sociale. Le deuil est partout; partout l'indignation déborde.

Le malheur de notre capitale semble avoir tari les ressources vitales de notre continent. On s'aborde, on se parle, on se demande quel sera l'avenir. Les érudits connaissent le passé, les sages ont seuls de saines notions sur le présent; quant à l'avenir, nul ne peut rien donner de certain. Cependant il est un ensemble de faits d'où l'on peut essayer de tirer des conclusions plus ou moins hasardées. C'est cet ensemble que je n'ai pas la prétention d'écrire, mais dont je veux indiquer les caractères les plus saillants, afin de rassurer les personnes trop émues de notre situation. Les données du problème à résoudre sont multiples; je n'ai pas la prétention de n'en pas oublier. J'entends prendre seulement les points culminants pour indiquer en peu de mots comment Paris a grandi par le travail, comment il a été perverti par des gens absolument incapables, et, comment les forfaits des gens de la Commune ne sauraient avoir de renouvellement.

La capitale des rois de France, lorsque les rois avaient le pouvoir absolu, était une ville où le progrès ne pouvait s'accomplir, sans se heurter à des priviléges consacrés par le temps, sanctionnés par les lois. L'œuvre des rois fut d'abord de régner par le sabre et les légistes pour conquérir des sujets; elle fut plus tard de modifier les réglements des corporations des arts et métiers pour implanter chez nous la fabrication plus avancée des pays où nos armées avaient pénétré. François Ier avait appelé les artistes italiens; Henri II, Catherine de Médicis ouvrirent nos portes à des fabrications nouvelles; Henri IV, Louis XIV firent de même. Peu à peu, l'ancienne réglementation sur les métiers subissait des changements qui ajoutaient de nouvelles fabriques aux fabriques anciennement établies.

Après la Fronde, Louis XIV transporta sa résidence au dehors; mais Paris conserva sa supériorité. C'est que les atteintes successives dont avaient souffert les priviléges des artisans maîtres, jurés ou autres seigneurs de l'industrie, avaient grandi la puissance de notre production et par là notre commerce. Nous faisions vite et bien, les deux choses que demande la consommation.

D'ailleurs, pendant que la ville proprement dite, celle qui était renfermée dans le mur d'octroi, résistait au progrès, les faubourgs élevaient de puissants ateliers où la liberté n'était pas contestée. C'est que l'organisation des métiers était une affaire communale ou municipale, dont les effets ne s'étendaient pas en dehors du territoire propre à telle ou telle agglomération d'habitants. Les maîtres ouvriers de Paris ne pouvaient donc pas empêcher les maîtres ouvriers des autres villes d'exercer librement leur industrie. Entre chaque localité soumise aux réglementations, il y avait les campagnes dont le territoire échappait à cette fatalité. Les faubourgs de Paris, d'abord simples lieux de plaisance des grands seigneurs, se peuplèrent d'artisans qui offrirent aux propriétaires des loyers considérables de leurs terrains. Sur ces espaces affranchis, le travail libre suivit toutes les phases du progrès. Et pendant qu'à l'intérieur, on devait subir telles ou telles prescriptions sur la largeur, la longueur, la matière des meubles et des étoffes, nos faubourgs imitaient ou créaient les améliorations. Les maîtres artisans de Paris essayèrent de se protéger contre l'industrie des faubourgs. Ils s'aidèrent de l'octroi. Les meubles fabriqués au faubourg Saint-Antoine payaient, pour entrer en ville, une somme égale à leur valeur réelle.

Lorsque le 14 juillet 1789, le peuple attaqua la Bastille, il combattait pour détruire le poste d'octroi qui lui semblait le plus nuisible, par son importance et son voisinage. Le premier effet de la victoire du peuple sur la royauté fut de permettre aux ouvriers des faubourgs d'entrer leurs produits dans la ville ; aux ouvriers de la ville de se faire chefs de maison, quand ils en eurent la capacité.

Les ouvriers affranchis par la prise de la Bastille s'entendirent pour soutenir la Convention. Tel est le point de départ de l'amour que le peuple a pour les révolutionnaires, tâchons de ne pas l'oublier. Les grands, les gens de lettres, ont vu dans l'attaque de la vieille forteresse, une protestation contre les détentions arbitraires. Ce pouvait être vrai pour Hulin, Camille Desmoulins, Loustalot et bien d'autres ; pour le faubourg Saint-Antoine, la Bastille était le poste d'octroi qui empêchait les produits de ses ateliers d'entrer à Paris. Le peuple avait peu à s'occuper de l'emprisonnement sans jugement du duc de Richelieu, de la détention de Volta're ou de celle de Latude ; son affaire était d'obtenir l'égalite, la liberté du travail, et ce fut là son but.

Il faut bien reconnaître que la royauté avaient beaucoup fait pour Paris en y appelant les nobles les plus riches et les plus titrés. Mais après Louis XIII et jusqu'à ce jour, les monarques ont été plus nuisibles qu'utiles aux progrès de notre ville.

Louis XIV aurait été fort aise d'emmener à Versailles la fabrication glorieuse de Paris et des faubourgs ; Louis XV ne s'occupait pas de pareilles choses qu'il considérait comme des misères, au-dessous de la majesté royale ; Louis XVI n'y pensait pas quand il faisait des serrures. L'empereur Napoléon Ier, trop aimé du peuple qui ne le connaît pas assez, a souvent rêvé le retour des jurandes et des maîtrises ; Louis XVIII et Charles X y pensaient aussi. Louis-Philippe paraît avoir eu des notions vraies sur le développement de l'industrie, mais il ne les a pas toujours accentuées. Quant à Napoléon III, il n'a pas un seul jour songé à d'autre chose qu'au présent; son règne a été en cette matière aussi dénué de vues sérieuses qu'il l'aurait été en 1452, avant la prise de Constantinople par les Mahométans. C'est sous le gouvernement de cet empereur que des ouvriers ont forcé des industriels à limiter le nombre de leurs apprentis et ont créé leurs associations de secours mutuels par métiers, afin d'établir la coalition en permanence. Chaque receveur des cotisations des membres des sociétés de secours mutuels a un livre où il inscrit les sommes versées par les cotisants; il en a un second où il mentionne les versements opérés pour soutenir les coalitions et les grèves de tous les pays du monde. L'empereur a connu cette organisation et l'a favorisée; même il a imprimé dans la préface de son histoire de César que le retour des corporations était désirable. Le peuple se laisse flatter, mais sait bien où est son intérêt. Les actes et les publications de Napoléon III ont été jugés et condamnés, parce qu'ils ne répondaient pas à la vérité de la situation. Le peuple travailleur est donc resté fidèle à la révolution et toujours disposé à la soutenir.

Le 19 juillet dernier, date fameuse, dont la mémoire doit être conservée, parce que c'est celle de la déclaration de la guerre à la Prusse, Paris était la capitale de l'Europe, c'est-à-dire du monde. Nous possédions dans l'intérieur des murs ou dans nos environs un ensemble de palais dont l'univers était envieux : Saint-Cloud, Meudon, les Tuileries, l'Hôtel-de-Ville, deux palais du quai d'Orsay ne sont plus, et malgré cela, nous avons encore, des édifices splendides, en plus grand nombre que n'en possède la capitale la plus favorisée. A ce point de vue, en nous remettant au travail, nous avons lieu d'espérer que notre rang serait demain ce qu'il était hier. Il importe donc, tout en déplorant nos malheurs, en détestant les causes, de ne pas nous désespérer.

Ce fut au commencement du XVIe siècle que François Ier appela chez nous les peintres et les sculpteurs italiens, en même temps qu'il ouvrait notre collége de France. A ce moment, les Valois avaient pris la succession des Médicis. Le culte du beau s'est implanté chez nous à cette époque et s'y est conservé traditionnellement. Il y a eu des moments d'arrêt sous la monarchie ; sous la première comme sous la troisième République, on a senti quelques obstacles, mais après le siége de Paris par Henri III et Henri IV, le palais cardinal a ajouté sa splendeur à celles dont nous jouissions déjà. Après la Fronde, Louis XIV a continué le Louvre que la Révolution de 1848 a terminé. La République de 1871 rebâtira les Tuileries et s'efforcera de nous donner un nouvel hôtel de ville comparable à celui dont nous venons de voir l'incendie.

Ce passé ne peut être perdu de vue un seul instant.

Nous ne devons pas oublier non plus que toute réputation artistique ou scientifique se fait sacrer à Paris.

Personne n'aurait osé, le 8 thermidor de l'an II, annoncer que nul ne serait grand dans le XIXe siècle, si Paris ne l'avait pas ordonné. Si le 10, on eût annoncé ce fait, on aurait été bafoué. La vérité en était pourtant incontestable dès le 1er brumaire de l'an VIII. A cette époque, Gœthe et Schiller écrivaient au moins autant pour la France que pour l'Allemagne. L'usurpation du 18 brumaire, le despotisme impérial ont gêné le mouvement; il s'est accentué après la Restauration, et, en 1867, lors de l'Exposition universelle, notre suprématie était acceptée à l'unanimité.

Pourquoi cet engouement, ou pourquoi cet accord légitime? S'il y a simple courant sans motif raisonnable, les choses se modifieront; mais s'il y a une raison déterminante, tant que cette raison subsistera le fait restera évident et palpable.

Il ne faut pas donner à la centralisation politique un honneur immérité et lui attribuer la gloire d'avoir élevé Paris au-dessus de toutes les capitales. Elle y est pour un peu, pas pour autant le croit. Elle n'avait aucune influence pendant le siége subi de 1588 à 1594; elle n'en a point eu de 1648 à 1789, période pendant laquelle les rois sont allés demeurer hors de Paris. Dans ce dernier laps de temps, la centralisation administrative a tout fait pour Versailles, ce grand village connu du monde entier pour être le plus ennuyeux des villages. Ce n'est donc pas la translation du gouvernement, des bureaux des ministères qui peut nous décapiter.

Notre force de résistance a été dans les cercles littéraires, les sociétés artistiques et savantes, enfin et surtout elle a été et demeure dans notre commerce et notre industrie.

Après Corneille, Racine, Molière, Boileau, Lafontaine, nous avons eu Montesquieu et son école, puis le roi Voltaire et sa cour avec les encyclopédistes, parmi lesquels était le géant Diderot. Depuis lors, les littérateurs ne nous ont pas manqué; la période comprise entre 1824 et 1848 comptera parmi les plus brillantes.

Les sciences exactes, l'algèbre, la géométrie et leurs applications ont trouvé leurs maîtres chez nous. Quant à la physique et à la chimie, s'il est juste de reporter à Bacon et à Newton la part de gloire que l'on doit leur donner, les disciples de ces génies ont été dans notre France au-dessus de tous les savants du globe. De même pour l'astronomie ; depuis Laplace, rien n'a encore été fait au-delà des travaux de cet illustre savant. La haine des contemporains contre certains hommes a parfois fait prendre le change et nous a fait accorder à des étrangers un rang que nous devions donner aux nôtres. Ainsi les théories sur la variabilité des espèces sont françaises, la chimie organique est française. Ce sont des découvertes parisiennes que l'on revendiquera justement pour nous, tout en donnant une juste part de célébrité à Darwin et à Justus Liebig.

La médecine a été transformée par Laennec, Corvisart, Broussais, Bouillaud, Briquet, Piorry et leurs émules. La chirurgie et l'anatomie n'ont en aucun lieu du monde été poussés plus loin. MM. Claude Bernard, Robin, Broca sont les premiers physiologistes de l'époque.

Toutes ces forces sont à Paris, où elles se rencontrent avec les chefs-d'œuvres d'Ingres, de Delaroche, de Delacroix, avec les sculptures de Barye, de Pradier et de David, avec les œuvres musicales de Rossini, d'Auber, de Meyerbeer, d'Hérold, de Boïeldieu, tous Parisiens, puisqu'ils vivaient à Paris.

L'art théâtral s'élevait avec les autres et nous avons eu des artistes dont le talent faisait l'admiration des plus superbes dédaigneux.

Si les gouvernements ne veulent pas revenir chez nous, leur absence ne nous enlèvera rien de ces supériorités. Nous garderons, malgré les jalousies, notre Jardin-des-Plantes avec ses collections, notre Louvre et ses trésors, notre Institut et ses connaissances. Dans un temps peu éloigné, le Corps législatif reviendra à sa place naturelle et n'en partira plus.

J'ai montré dans le début de cet écrit comment Paris avait été peu à peu la ville où les fabrications perfectionnées se sont implantées ; il faut continuer notre route, parce que le salut de notre ville est surtout de ce côté. Les ouvriers doivent bien se persuader de cette idée : si Paris n'était pas au-dessus de tous les pays pour l'industrie, nous n'aurions plus de motif de vouloir en faire une capitale.

Or, après 1789, l'industrie étant devenue libre, les réglements étant abolis, chacun a pu travailler à son aise et suivant sa volonté.

La gravure et la fonte des caractères, le clichage et la galvanoplastie se font à Paris et peuvent, comme l'encre d'imprimerie, être expédiés au loin. C'est d'ici que partent les chefs-d'œuvre de la lithographie et de la gravure. Les dessinateurs pour châles, pour papiers peints, bijoux, orfèvrerie, émaux, céramique, briques émaillées, camées, etc., etc.; les photographes, les fabricants d'instruments de musique, les fabricants d'instruments de chirurgie, les fabricants d'instruments de précision, en un mot de tout ce qui réclame la délicatesse des doigts unie à l'intelligence de la conception se trouvent chez nous.

Il faut s'arrêter dans cette nomenclature ; elle prendrait trop de temps et d'espace, sans apprendre rien de nouveau à personne. Disons pourtant qu'à côté du compas mesurant des centièmes de millimètres, on fabrique à Paris les machines à fouiller le centre de la terre et à faire jaillir les sources qui alimentent les fontaines publiques.

Mais ce qui, surtout, a fait notre supériorité, c'est la fabrication des cent mille colifichets de la toilette. Depuis le châle imitation de l'Inde, tissé par la maison Ternaux, jusqu'à la plus vulgaire des épingles ; en passant par tous les degrés de la bijouterie, Paris fait tout en ce genre. Ce qu'il ne fait pas, il le commande et en surveille l'exécution, Lui seul a le goût et satisfait les caprices les plus difficiles à prévoir; son génie devance les vœux les plus étranges. Si une idée musicale est chantée, elle est bientôt traduite en paroles, les paroles deviennent peintures, sculptures, meubles, étoffes. Ainsi l'on peut, avec les produits de nos ateliers, suivre toutes les phases de notre littérature. Les sphinx nous ramènent aux publications sur l'expédition d'Egypte; les palmiers nous parlent de Chactas et d'Atala; ce vaisseau qui sombre nous montre Virginie victime de sa pudeur. Plus loin, cette Notre-Dame évoque Quasimodo et la Esmeralda. Paris sait tout arranger et veut toujours plaire. C'est pour cela que ses modes l'emporterant sur celles de toutes les contrées voisines.

Nous tenons ce privilége de notre sol. La nature de notre climat favorise le développement de nos facultés natives. Le soleil nous est bienfaisant, le froid n'est pas meurtrier chez nous. La terre féconde nous donne ses meilleures productions; par conséquent, nous devons croire au retour de la bonne fortune, et ce qui nous rendra la vie, c'est le commerce, alimenté par nos productions.

Le riche amateur de belles et bonnes voitures viendra visiter Paris; il amènera avec lui son voisin désireux de beaux meubles bien sculptés. Ces deux visiteurs en entraîneront d'autres. Le courant s'accentuera et deviendra un large fleuve pour la commodité des échanges entre le producteur et le consommateur.

Cependant les particuliers se feront peut-être attendre quelque peu. Les commerçants, plus hardis, dont les besoins sont d'ailleurs pressants, seront plus vite arrivés. Sitôt que la circulation sera libre, nous allons les voir revenir en masse, s'entassant dans les hôtels, puis s'éparpillant dans les magasins, dans les fabriques. On dit que déjà un certain nombre de commissionnaires se sont installés en Belgique; ils n'y resteront pas. Bruxelles n'enlèvera pas à Paris la supériorité que nous avons. La vie ne tardera pas à devenir chère par là-bas, et aussitôt les vrais, les bons ouvriers reviendront dans les ateliers très regrettés, où leur place est toujours marquée.

Ainsi se légitime le fait de notre souveraineté sur le monde et se justifiera le retour de notre prépondérance.

Paris devançait les nations dans la pratique des arts, l'étude des sciences, la culture des lettres. Il s'imposait par ses œuvres. Rien n'était plus légitime; le retour de ce triomphe est certain.

Le peuple garde d'instinct, nous l'avons dit, le souvenir des bienfaits de la première révolution; cette mémoire l'a porté à écouter les gens qui se disent les héritiers de la grande Constituante et de la Convention. Or, tandis que les revues mensuelles ou bi-mensuelles continuaient à donner un enseignement sérieux, les journaux quotidiens se lançaient dans la guerre des personnes et n'en faisaient pas d'autres. Pour être journaliste, il suffisait d'être hardi. Il y avait dans les derniers temps, peu, très peu de place pour les gens sages. Le mal est venu du gouvernement de Napoléon III. Au début de ce gouvernement, la presse périodique était dans la main des chefs de notre administration. L'opposition était timide, les écrivains aux gages des ministres ou soldés directement par la liste civile, ont usé de violences de langage hors de tout bon sens et peu à peu, les menaces les plus terribles sont devenues la monnaie courante des journalistes. Qui avait l'audace d'insulter autrui, prenait la plume et se faisait un nom. Par suite de ce système déplorable, et de par l'amour que le peuple portait à la révolution, une haine implacable s'est emparée des âmes des prolétaires contre la réaction et les réactionnaires, puis a préparé les horreurs de cette abominable cohue à laquelle on a donné le nom de Commune. Les malheureux énergumènes, aux mains desquels nous allions tomber, se disaient socialistes et amis de la liberté. Ils n'étaient ni l'un ni l'autre. Leur vice était l'ignorance; peut-être auraient-ils désiré faire du socialisme; mais ils étaient d'une incapacité absolue. Il ne suffit pas, en effet, pour réformer le monde, de prendre une cocarde, de se décerner un nom ; il y a des conditions plus sérieuses à remplir. Les orateurs, les écrivains de la Commune n'ont pas mis en avant une seule idée pratique. Il faut dire ces vérités bien haut et bien ferme, et ceux à qui il appartient de les proclamer, sont les socialistes démocrates dont la vie s'est écoulée sans pactiser avec les gouvernements monarchiques.

Nous avons parlé de l'influence fâcheuse de la Presse officielle des vingt dernières années; nous avons signalé le ton insolent des journaux de l'empire, provocateurs auxquels répondaient les fauteurs des émeutes; une autre cause a doublé le mal. La science marchait malgré les discussions passionnées des politiques. Or, un jour, les doctrines religieuses sont venues se jeter à la traverse. On a nié certaines découvertes, parce qu'elles ne s'accordaient pss avec telles ou telles idées courantes parmi les adeptes de tel ou tel culte. Les métaphysiciens, gens absolument inutiles, rêveurs hors de sens, ont à leur tour combattu le progrès et les vérités nouvelles. Les journalistes révolutionnaires ont été heureux de ces luttes. Ils ont pris, cette fois, parti pour la vérité, parce que c'était le côté de l'opposition. Bien des personnes se ralliaient à cette école opposante, par respect du vrai et du juste. Les doctrines rétrogrades ont été défendues par des littérateurs émérites, qui n'avaient jamais rien étudié, si ce n'est l'art d'écrire des phrases sonores. Il eût été mieux de ne pas tant s'appuyer sur des hypothèses, et de voir de plus près les faits annoncés. Le peuple intelligent sentait que Galilée, ayant été maltraité par l'autorité de son temps, il était du devoir de la démocratie de tendre la main aux inventeurs modernes.

Ainsi, les injures de la presse gouvernementale, les préjugés des professeurs de l'université, renforçaient l'opposition et lui donnaient un corps formidable.

L'origine du gouvernement de Napoléon III arrivait sur le tout et pervertissait les esprits. D'où venait cet empereur? Avant 1848, personne, ou à peu près, n'avait connu ce personnage dénommé, par son acte de l'Etat civil, Charles-Louis-Napoléon Bonaparte; le hasard l'avait placé sur le fauteuil de la présidence de la République. Il s'était servi, malgré ses serments, de ce fauteuil comme d'un piédestal pour voler la couronne. Les ambitieux se disaient que le chef de l'Etat et son entourage étaient partis de rien, n'avaient jamais rien su, n'ayant jamais rien appris, et ils avaient en quelque sorte raison de ne pas faire de différence entre leur incapacité et celle des hommes du Deux-Décembre. La démoralisation du pouvoir a gangrené les opposants. Elle était égale des deux côtés et étalait effrontément sa pourriture dans les deux camps. Les dernières élections faites sous le second Empire ont montré à quel degré d'abaissement nous étions tombés. Les lois exigeaient, des candidats, le serment d'être fidèles à l'empereur. Tous les prétendants à la députation ont, à Paris, prêté le serment et presque tous, le jour même, se déclaraient ennemis irréconciliables de l'Empire. Jamais, en aucun temps, il n'y a eu pareille méconnaissance des règles les plus vulgaires de la probité. Le peuple ne pouvait pas, dans cette tourmente, conserver des opinions saines sur le bien et le mal.

Or, après ces élections, déplorable débauche, le gouvernement a eu la triste fantaisie de déclarer la guerre à la Prusse, c'est-à-dire à l'Allemagne. Tous les hommes sérieux savaient à quel point nous étions loin d'être en mesure de nous heurter contre la Germanie, mère des nations, où une organisation puissante a placé tous les hommes dans les cadres de l'armée nationale. Nous n'avions pas de soldats en nombre suffisant pour entrer en ligne, et même à nombre égal nous aurions encore pu craindre, puisque l'armée allemande était composée de citoyens appelés sous les drapeaux, tandis que la nôtre avait certainement trop de mercenaires.

Les malheurs sont arrivés. Nous avons vu périr nos armées, tomber nos places fortes et Paris lui-même a dû capituler. Le siége de Paris, par les Prussiens, avait empêché la communication de notre grande cité avec le dehors ; le gouvernement, scindé en deux parts, avait dans les départements des chefs absolument incapables. Seulement ils mentaient, et le peuple les croyait. Le premier mensonge émana de M. Glais-Bizoin, annonçant, dès le 12 octobre, que deux armées de 80 mille hommes chacune étaient prêtes, qu'une troisième serait complétée sous peu de jours, et que toutes trois allaient marcher sur Paris.

Ces trois armées, dont une seule alors, 40 ou 45

mille hommes, bientôt vaincue à Orléans, étaient des espérances auxquelles on se confiait. Les esprits populaires si poétiques, si vifs à s'impressionner, si patriotiques, crurent à une délivrance prochaine. Les fausses nouvelles, envoyées du dehors par M. Gambetta, avec une constance qui ne s'est jamais lassée, entretinrent cette exaltation. Des gens sensés ne s'aveuglaient pas; ils glissaient timidement leur opinion et tâchaient de la faire accepter. Mais il leur fallait se taire, on les accablait d'invectives, et la colère arrivait à menacer Paris du sort de Moscou. C'est ainsi que la population des faubourgs a entendu parler des incendies sans en frémir, puis s'est accoutumée à ne voir dans la destruction de notre capitale qu'une affaire de défense nationale. C'est par là que des misérables ont fini par se laisser entraîner aux épouvantables et criminelles dévastations que nous avons subies.

Il est bon de marquer comment les notions du bien peuvent être effacées dans les consciences, parce que ces exemples pourront servir plus tard à conjurer le retour des grands crimes, dont nous avons été témoins.

La défaite successive de toutes les armées de secours a amené la capitulation de Paris. Le général Trochu a été incriminé par l'unanimité des citoyens. Il n'y a pas dans l'histoire une situation comparable à celle de cet homme. Je n'ai pas l'honneur de le connaître; je parle de lui avec le plus complet désintéressement, Les souffrances qu'il a endurées ont retenti dans mon cœur, parce qu'elles provenaient d'attaques injustes; il est temps de faire entendre des paroles de vérité.

L'Empire a entrepris la guerre sans y être préparé. Tous les officiers disponibles étaient dans les premiers corps d'armée. La seconde armée, livrée à Sedan, absorbait le surplus de nos cadres. Le général Trochu est alors devenu président du gouvernement de la défense nationale. Il n'avait rien ou à peu près à Paris. Tous les soldats, tous les officiers avaient rejoint les troupes du maréchal Mac-Mahon ; les dépôts de Paris n'avaient pas cinq mille hommes. Le général Vinoy a pu rentrer avec 20 ou 22 mille hommes, et c'était tout ce que nous avions de forces régulières, quand les Prussiens ont investi notre ville. Quelques régiments ont vu l'ennemi à son arrivée, nous savons comment ils se sont conduits ; c'était, outre ce que nous avons indiqué, une débandade désastreuse. Le général Trochu douta à ce moment du succès, il avait raison. Il avait encore sous ses ordres la garde mobile et la garde nationale. Il y avait 16 bataillons de garde nationale sédentaire, sachant un peu manœuvrer à la parade ; le reste n'était pas formé. Quant aux gardes mobiles, trente mille nous appartenaient, mais avaient été désarmés à Chalons et avaient dû livrer leurs armes et leurs fourniments à l'armée du maréchal Mac-Mahon. Cette fraction indisciplinée, mécontente, était absolument impuissante. Soixante ou soixante-dix mille autres gardes mobiles nous étaient venus des départements, tous mal armés et inexpérimentés. Tel était l'effectif militaire au 19 septembre, jour où nos communications ont été définitivement coupées avec les départements.

Le général Trochu n'a pas voulu donner à l'ennemi le plaisir de voir notre détresse ; il en a gardé le secret. De suite, les forts ont été réarmés ; les soldats ont été rassurés ; la garde nationale a été mise au complet ; on a instruit et armé la garde mobile.

Il était cependant impossible de percer les lignes prussiennes, à moins d'un mouvement combiné entre le dedans et le dehors. Le dehors n'a rien fait, le dedans a été réduit au néant. On croit toujours ce que l'on désire ; ainsi Paris la désirait, espérait sa délivrance ; il buvait à longs traits les mensonges, dont M. Gambetta l'inondait. Nous étions partout vaincus, ce ministre paresseux et incapable annonçait partout des victoires.

Les personnes qui avaient quitté Paris, pendant le siége, par ballon ou autrement, ont été bien étonnés des discours qui leur étaient tenus quand elles ont pu revenir. Les divagations étaient telles que c'était à se croire dans une maison de fous. On ne me parlait que des victoires, des succès des armées du dehors, de faiblesse, d'incapacité, de laláchеté, de la trahison des gouvernants

Le général Trochu a entendu ce torrent d'accusations sans pouvoir rien que se taire et dévorer les outrages. Il a subi sans se plaindre les douleurs que son patriotisme lui a causées ; l'histoire n'aura pas assez d'éloges pour son abnégation.

Le peuple des faubourgs subissait l'opinion commune, son patriotisme s'indignait de notre défaite ; il n'y croyait pas et ne pouvait, ne devait pas rester calme dans une telle occurrence.

Un Comité central de la garde nationale s'était formé pour aider à la défense de Paris. Cette association se composa des plus exaltés, d'opinion politique et même des plus courageux des combattants. On sait comment ce comité s'empara de l'artillerie volante de l'armée, afin de la soustraire aux Prussiens. Il établit ses canons aux buttes Montmartre, aux buttes Chaumont, à la place des Vosges. Mais la guerre était finie et l'on commençait à trouver dangereux et ridicule le rôle de cette association. Le comité central était dans une impasse et n'en pouvait sortir. Tout à coup les journaux monarchiques se prirent à demander au gouvernement de ressaisir l'artillerie dont la garde nationale s'était emparée. Il était trop tôt, huit jours encore et les canons étaient volontairement abandonnées. Le 18 mars l'attaque prématurée n'a pas réussi et nous avons été livrés à l'incapacité cruelle et criminelle du Comité central et de la Commune.

Il y avait, grouillant dans les bas-fonds, quelques individus se disant délégués de l'association internationale des ouvriers. Peu d'individus de cette catégorie ont marqué dans nos événements ; le public ne les a pas comptés, mais il leur a donné une importance, proportionnée à l'énormité des folies que débitaient ces énergumènes. Je m'expliquerai sur cette association. En Angleterre et dans beaucoup de pays voisins les maîtrises et les jurandes sont encore debout. Un ouvrier ne peut, malgré son travail, sa vie régulière, sortir de sa position d'ouvrier. Il s'est formé là-bas des associations ayant pour but de vaincre l'aristocratie de l'industrie et de naissance. Des journalistes ignorants ont importé chez nous les germes d'une association qui n'avait pas raison de s'y produire. Très peu de nos ouvriers se sont affiliés à cette secte ; beaucoup ont donné leur concours à ses actes. Les étrangers ont agi avec énergie pour obtenir des adhésions ; leurs efforts ont échoué dans beaucoup de localités travaillées par eux. Cette défaite est heureuse ; l'Internationale ne peut faire aucun bien à l'ouvrier français. Elle lui a causé déjà bien du mal ainsi grâce aux difficultés que l'Internationale a créées entre les patrons et les ouvriers, la fabrication des instruments de musique en cuivre, la fonderie des objets d'art, plusieurs autres industries autrefois propres à la France ont aujourd'hui des rivalités dangereuses à l'étranger.

Bruxelles profite de nos malheurs et tâche en ce moment d'accaparer la passementerie, les boutons, les articles de luxe. C'est pourquoi tandis que, nos ouvriers, cent fois moins à plaindre que les Belges et les Rhénans, jettent les hauts cris sur leur condition précaire, nos rivaux vantent les bienfaits de leur législation moins humanitaire que la nôtre, et trompent nos malheureux travailleurs. En résumé, l'Internationale est née au dehors, dans les pays aristocratiquement gouvernés ; elle n'avait rien à faire dans notre pays. Elle n'a pas poussé de profondes racines dans nos classes laborieuses ; mais le peu d'effet qu'elle a eu a été de porter hors de Paris et de la France, une partie du travail dont nous avions le monopole. L'Internationale est l'adversaire de la prospérité d'un pays libre ; donc elle ne devait pas réussir chez nous.

Ses adeptes se disaient socialistes et c'est à ce titre qu'ils entraînaient quelques hommes à leur suite. Le socialisme ou science sociale, est un vaste champ pour les recherches. Il embrasse la connaissance de ce qui est, pour préparer les modifications à faire. Un socialiste de vingt ans est un garçon à instincts, généreux ; mais en faire un chef d'Etat, serait insensé. La plupart des prétendus socialistes de l'Internationale n'avaient pas plus de valeur que l'enfant sortant de l'école n'en pourrait avoir. C'était pitié que les entendre parler rénovation sociale. Pas un seul ne connaissait le premier mot de l'état actuel des choses, ne pouvait savoir où se trouve le mal et par suite y porter le remède. Les ouvriers ne s'y trompaient guère. Plus d'un haussait les épaules de pitié en entendant les divagations des orateurs des clubs, mais applaudissait dans l'espoir d'attirer des gens plus habiles. L'Internationale n'est donc pas un danger réel ; il suffit pour la combattre de montrer son impuissance. Au lieu de s'irriter contre les folies débitées dans les congrès de ces messieurs, il serait utile de prouver que leurs inepties ne reposent sur rien et d'éclairer les niais, assez ignorants pour se laisser prendre. Les journées sont ici chèrement payées, et si les choses indispensables à la vie y coûtent cher, au moins on gagne de quoi les payer. Sans ce bien-être, nous n'aurions pas eu chez nous cent mille ouvriers prussiens et trente mille anglais.

Donc le 18 mars le gouvernement a été vaincu dans Paris par l'insurrection. Les défaites de nos armées ne laissaient pas à l'assemblée nationale des moyens suffisants pour rétablir immédiatement l'ordre dans notre cité. Il a fallu attendre deux mois et dix jours avant que la victoire restât à la légalité. Pendant ces soixante dix jours la capitale a été livrée aux énergumènes. Ils ont tout osé pour garder le pouvoir. Se sentant perdus s'ils n'agissaient pas sur l'opinion publique au dehors, ils ont publié manifeste sur manifeste, adresse sur adresse aux départements. Et comme ils ne comprenaient rien, ils ont formulé un programme que les jésuites, les aristocrates auraient signé s'il était émané d'une autre source. M. Emile de Girardin, seul, a su se rappeler que ce programme pouvait être adopté par les monarchistes, et il est venu dans un journal, fondé tout exprès, prêter appui à la Commune.

Les communeux voulaient que Paris et toutes les communes de France fussent juges de leur destinée.

Pour la force publique, c'était le fédéralisme, autrement dit la dispersion de notre unité.

Le progrès des peuples et du genre humain a eu pour point d'appui l'agglomération des masses.

L'Italie, l'Allemagne révolutionnaires ont surtout agi

dans ces derniers temps pour conduire leurs pays à l'unification. Garibaldi a levé ses derniers volontaires pour conquérir Rome et en faire la capitale de l'Italie ; les démocrates allemands ont aidé de tout leur pouvoir à la guerre que leur patrie nous a faite. L'unité est le but auquel tendent les amis du progrès, les hommes désireux de voir la civilisation s'étendre. En effet, si on livre les petites localités à elles-mêmes, les riches deviennent des tyrans. L'autorité centrale est la sauvegarde des droits des pauvres, la protectrice des opprimés. Au temps de Saint-Louis déjà les hommes de bon sens remarquaient comment dans les villes libres de la surveillance du gouvernement central, les administrateurs usurpaient toutes les fonctions pour eux et les leurs ; s'emparaient des fonds publics dont ils se rendaient compte les uns aux autres, sachant que le comptable d'aujourd'hui serait vérificateur demain.

Laisser les communes maîtresses de leur sort, c'est créer trente-six mille gouvernements particuliers dans notre France et livrer le pays à toutes les éventualités que peut faire naître la convoitise de l'étranger.

Si les trente-six mille communes avaient leur force publique, l'armée nationale n'existerait pas. Il n'y aurait pas moyen de la former et de la réunir. Supposons pourtant que par des lois sévères il fût dit qu'en cas de guerre, chaque municipalité devrait fournir un contingent ; le recrutement serait au moins laissé à chaque commune et alors.....

Les exemptions seraient à la volonté des officiers municipaux, les enrôlements à leur discrétion. Le maire, désireux de garder son fils bien constitué, le gardera contre toute justice ; ce garçon ne partira pas. A côté de lui se trouvera un jeune homme ayant des idées sur la vertu des filles et peu enclin à favoriser le libertinage d'un municipal. Malade, même infirme, qu'importe ! il partira. Tels sont les abus que la centralisation corrige et contre lesquels il faut nécessairement qu'elle agisse. M. de Bismarck voit un grain de raison dans la revendication des droits municipaux ; il sait où il veut en venir. Je me défie d'une idée vantée par l'étranger, notre implacable ennemi.

Faut-il donner aux communes le droit de régler leur instruction publique ? J'ouvre à ce propos le livre de l'histoire. Avant 1833, il y avait en France, sur trente huit mille, plus de douze mille communes sans instituteurs. A cette époque chaque localité était libre de régler les conditions de l'enseignement primaire. Laissez-leur la disposition de leur budget et bientôt nous retomberons dans la même barbarie. C'est depuis quelques années seulement que les communes ont été forcées par le gouvernement d'ouvrir des écoles de filles. Les progrès en cette matière viennent du centre ; jamais on n'a empêché une municipalité de créer des écoles. Il y a eu parfois des discussions sur le mérite d'un chef d'institution ; depuis 1828, les ministres ont favorisé, commandé, imposé l'instruction publique. Les obscurantistes se sont déclaré les apôtres de la liberté en cette matière ; il est inconcevable que les communeux aient osé revenir sur des choses jugées si récemment en dernier ressort.

Ils avaient ajouté à la liberté de régler l'instruction, la faculté pour chaque commune de déterminer le culte et ses conditions. Les communes catholiques remettraient bientôt en vigueur les lois sur le sacrilége. Nul n'y serait maître d'aller ou de ne pas aller aux offices, de fuir les sacrements ou d'y participer. Les bûchers seraient bientôt rallumés par le fanatisme. En attendant, l'autorité centrale n'ayant plus d'action sur les donations et testaments, en un mot sur les libéralités faites au clergé, les familles verraient leur patrimoine menacé à chaque instant par la faiblesse des malades et la cupidité des mauvais confesseurs.

Les communeux voulaient donner aux municipalités le droit de régler leur législation civile. Déjà nos usurpateurs avaient prononcé l'égalité entre les mariages légitimes et les unions illégitimes ; ils avaient édicté sur les loyers, sur les dettes, des règlements nouveaux. Leur exemple montre où l'on pourrait aller. Nous aurions bientôt des communes excluant les filles de la succession de leurs parents, d'autres qui admettraient le droit d'aînesse et ainsi de suite..... Dieu sait où nous conduirait cette variété des décisions. Avant 1789, la France avait quatre cents lois différentes connues sous le nom de coutumes. Les cahiers dressés pour les députés envoyés aux Etats-généraux demandèrent unanimement l'abrogation de ces législations particulières. L'unité nous a été donnée, c'est un bienfait à conserver.

Accorder à chaque commune la faculté d'établir ses tribunaux et de rendre la justice, serait en effaçant la loi générale, assurer le maintien des législations communales. Ce serait donc encore une mauvaise chose.

Il serait de même très mauvais de permettre aux communes de régler les questions commerciales. La plupart des hommes de notre temps sont demeurés étrangers aux notions sur la formation et la distribution des richesses. Les communes ont toutes une grande tendance à mettre des impôts sur les marchandises qui traversent leurs territoires. L'autorité centrale lutte constamment contre ces aspirations. Si on laissait aux petites villes la liberté de régler ces matières, nous verrions promptement les douanes locales s'établir et nous ramener aux époques sauvages de la féodalité des premiers Capétiens. Si les villes de Bordeaux, d'Angoulême, de Poitiers, de Tours et d'Orléans prélevaient chacune un impôt sur les sucres arrivés de la Martinique, par la Gironde. il ne serait pas facile de conduire cette denrée à Paris. Non-seulement elle coûterait fort cher, mais encore les retards apportés par les vérifications, rendraient le transport presque impossible. D'autre part, le même esprit étroit ferait rétablir, dans certaines localités, les maîtrises et les jurandes. Cela viendrait naturellement. Prenons, par exemple, une ville de 1,800 âmes, dans laquelle il n'y a pas de mercier. On ferait volontiers marché avec un de ces commerçants pour lui dire que nul concurrent ne serait admis à côté de lui. Dans telle autre ville, on traiterait avec deux négociants pour une autre partie, et bientôt la liberté, qui est la vie du commerce, aurait complétement disparu.

La liberté commerciale remonte à 1789 ; l'obligation de faire et entretenir des chemins vicinaux, indiquée en 1824, ne remonte réellement qu'à 1836. Il y a donc 35 ans seulement que les communes de notre pays ont été forcées de pourvoir à leur viabilité. On dit que le gouvernement entrave en cette matière la libre action des localités. Les gens qui parlent ainsi sont induits en erreur par des plaintes exagérées. Souvent quand un chemin, un pont doivent être établis, il y a des rivalités pour déterminer le lieu de leur assiette. Les discussions seraient perpétuelles sur place ; elles nécessitent l'intervention de l'autorité. C'est auprès d'elle que les dernières réclamations se formulent ; elles y sont reçues, appréciées, jugées : peut-être y a-t-il des erreurs, même parfois du favoritisme. Laisser aux municipalités elles-mêmes le droit de régler ces points serait tout entraver à jamais et certainement autoriser des injustices et des erreurs bien plus considérables.

En dehors de ce que nous venons d'examiner dans le programme de la Commune, il y a une action que nous devons maintenir à chaque municipalité. Toutes sont appelées à donner leur avis sur leurs chemins, leurs octrois, leurs presbytères, leurs temples, leurs écoles. Il peut y avoir un peu plus, un peu moins de latitude à leur concéder en ces matières, c'est chose à voir de sang-froid, ce ne peut-être cause de révolution. Notez d'ailleurs que certaines attributions sont définitives pour les conseils municipaux, qui règlent, par exemple, comme ils le veulent la jouissance de leurs biens, la répartition de leurs revenus; sauf, en cas d'injustice, le recours des particuliers devant les tribunaux. La prétendue servitude des communes est donc tout bonnement une tutelle créée dans l'intérêt des pauvres.

Reste la question de nomination des maires et la police municipale. Ici beaucoup de bruit pour peu de chose. Si nous conservons notre conseil municipal, ce que j'espère, il m'est assez indifférent d'avoir un maire de Paris, préfet de la Seine, nommé par le Pouvoir exécutif ou élu par les citoyens. Je comprends que tels et tels ambitieux de la fonction fassent de cette nomination une affaire importante. Celle de la nomination du conseil municipal devance l'autre dans mon esprit; je vois dans l'élection du préfet un fait accessoire, pourvu que nous soyons appelés à nommer nos représentants. En effet, la police de Paris sera centralisée sous tous les gouvernements. Il le faut pour que les auteurs des méfaits commis sur un arrondissement puissent être poursuivis sur le territoire voisin. Donc il est très difficile que le chef de notre administration urbaine ne soit pas un homme relevant directement du ministre de l'intérieur. Le contraire n'aurait pas d'immenses inconvénients, parce que le maire élu serait obligé de remettre la police aux mains de quelqu'un de plus expérimenté. Si le préfet est nommé par le gouvernement, il sera le chef de la police ; s'il est élu la charge ne sera laissée à un subalterne.

Il y a eu dans ces dernières années de grands abus par l'ingestion des agents de la police dans les élections au Corps législatif. Ces critiques faites alors étaient justes. Ce sont des fautes passagères sur lesquelles le caractère des ministres peut plus que toutes les lois. Répétons encore ici que ces questions ne valent pas l'honneur d'une révolution ni même d'une insurrection.

Mais rien n'est comparable à l'ignorance et la stupidité des membres du gouvernement de la Commune.

Les grands réformateurs de notre époque ont tous pris la Commune pour base de leurs système. Cabet la faisait égalitaire, Fourrier la faisait sociétaire ; celle de Saint-Simon était industrielle. Ces philosophes, pour en venir à la réalisation de leurs utopies, n'acceptaient pas le morcellement de la France en trente six ou trente huit mille fractions. Ils voulaient faire précéder l'établissement de leurs systèmes par un remaniement complet de nos circonscriptions administratives. Leurs communes devaient avoir assez d'importance, pour qu'il fût possible d'y créer des hospices, des écoles, des tribunaux. Ces hommes de bonne foi avaient au moins étudié les questions dont ils parlaient et ils n'allaient pas lancer des mots en l'air, sans en connaître la portée. Tous les trois d'ailleurs respectaient la patrie, aucun d'eux ne se serait dit fédéraliste.

Désormais, on se rappellera que fédéré ou fédéraliste est synonime d'ignorant, d'assassin, d'incendiaire, le contraire de socialiste ou progressiste.

Pour en revenir à Paris : Le gouvernement militaire ne saurait durer longtemps. Dieu me garde de limiter sa durée ou de gêner son action, mais il aura son terme. Aussitôt nos forges s'allumeront, nos machines se mettront en mouvement, nos métiers battront. A ce moment fortuné le bonheur renaîtra. Nous reverrons nos boulevards s'illumimer encore de mille et mille feux brillants d'espoir et de bonheur. A ce spectacle les colères seront apaisées, la sympathie nous reviendra.

Les esprits superficiels aiment Paris à cause de son luxe et des plaisirs qu'il renferme. Ils parlent de la vie de Paris comme d'une existence tissée d'or et de soie, s'écoulant entre le loisir et la fièvre de l'ivresse. Ces idées sont celles des visiteurs venus s'asseoir à notre banquet. Ils arrivent et trouvent des théâtres, des concerts, des bals ; à eux trois cent mille nos fêtes, nos festins; nous, nous travaillons péniblement pour la gloire de la civilisation moderne. Si nous avons des fêtes, ce n'est pas pour en jouir, c'est pour en gratifier nos hôtes. Il est un certain parti pour lequel cette ville est une grande Babylone, sur laquelle il faut appeler les foudres qui ont détruit Sodome et Gomorrhe. Ces vieilleries sont usées, et après elles doivent tomber les sottes histoires trop répandues sur la prétendue vie de Paris. Les Parisiens profitent peu de ce luxe sans pareil ; il n'est pas à leur usage, ou du moins son but principal est de plaire aux étrangers. Rappelons bien la condition dans laquelle nous vivons :

Ici est le foyer du monde. La lave en ébullition a tout à coup soulevé des scories accumulées depuis longtemps.

Une explosion sans pareille dans les fastes historiques a stupéfié l'univers. Le jour où la Ténare a soulevé sa tête au-dessus des flots, puis des nuages, l'Europe a été couverte par un déluge qui a détruit à la fois les grands pachydermes, les grands végétaux des forêts des Gaules et de la Bretagne. La nature a bientôt repris son cours ; les tribus Pélasgiques ont occupé les bords de la Méditerranée. Les racines du volcan ont été le berceau des lumières. C'est là que sont nés Homêre, Sophocle, Périclès, Appelles, Phidias. Après un peu de temps les Athéniens ont étonné le monde par leurs créations modèles. Et nous, si notre malheur est grand, matériellement, il n'est pas comparable à ce que peut l'éruption simultanée de tous les volcans de l'Europe. Nos événements ont été surtout abominables à cause des crimes qui ont fait douter de la moralité de la population parisienne; mais les crimes sont expiés,

En ce moment, où les toits sont encore embrasés sur nos têtes, alors que les pavés sont encore rouges de sang, j'ai mis la main sur mon cœur et je dis :

Paris n'est pas à jamais perverti, il revivra et sa force, c'est le travail.

Ce 2 juin 1871.

Paris. — Imp. Ch. SCHILLER, 10 rue du Faubourg-Montmartre.

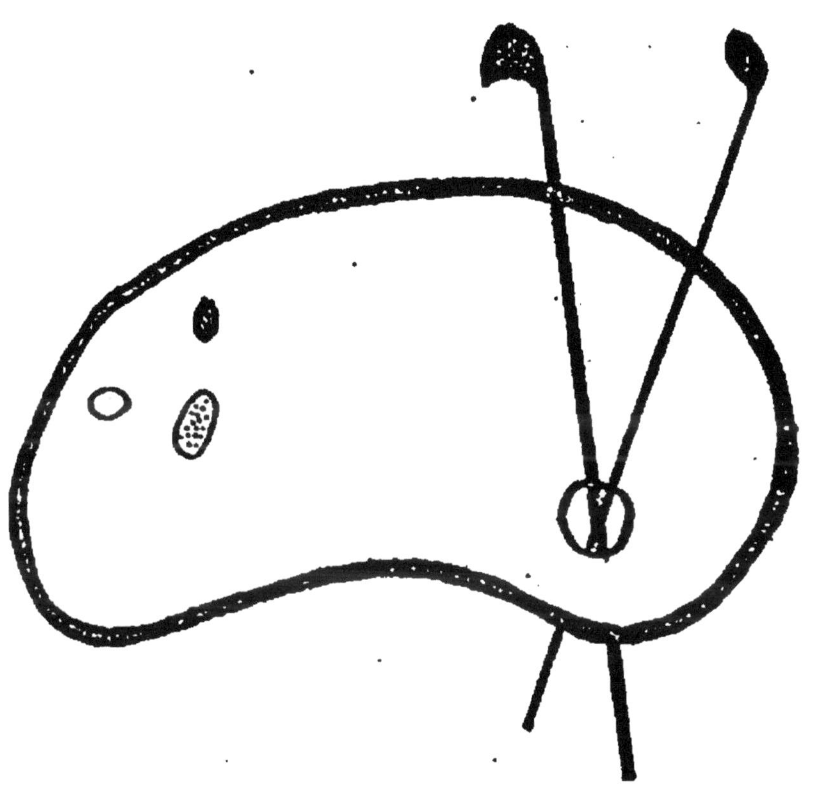

www.ingramcontent.com/pod-product-compliance
Ingram Content Group UK Ltd.
Pitfield, Milton Keynes, MK11 3LW, UK
UKHW022153190726
13855UKWH00004B/1454